Myriam Bianchi

Sortilegios del Tiempo

artepoética press

Nueva York, 2015

Title: Sortilegios del Tiempo

ISBN-10: 1940075343
ISBN-13: 978-1-940075-34-1

Design: © Ana Paola González
Cover & Image: © Jhon Aguasaco
Author's photo by: © Gerardo Almada
Editor in chief: Carlos Aguasaco
E-mail: carlos@artepoetica.com
Mail: 38-38 215 Place, Bayside, NY 11361, USA.

Agradecimientos:

A los Poetas y Dramaturgos:
Francisco Vaquero Sánchez, José María Cotarelo Rodil,
Psc. Escritor- Dramaturgo, Andrés Caro Berta,
al Poeta, Narrador, Ensayista Rafael Courtoisie,
la Poeta, Prof. Juana Ramos y Min. Consejero, Poeta Rafael Pineda
A mis Editores- Carlos Aguasaco, Carmen Galusso y Prof. Alicia Cagnasso.

Dedicatoria:

A la Dignidad de los Poetas
Al Poeta Jorge Meretta
A la Poeta, Gestora Cultural Nancy Bacelo

ÍNDICE

SORTILEGIOS DEL TIEMPO (PRÓLOGO)

Entro en el jardín de los poemas de Myriam Bianchi y respiro sus aromas. Late en ellos el corazón y laten los pensamientos bajo una bóveda violeta. Entran y salen ahítos de placer el aliento y los sueños. Veo en ese jardín amarillas prominencias, azules lejanías, y presiento el lejano y perfumado silo del alma. Surgen de él canciones apacibles empujadas por el soplo del fondo encantado.

Días vinieron con brotes y resonancias nuevas y tú hablabas con las mariposas y los guijarros. Los pájaros te contaban historias de pájaros siempre renovadas. Traen canciones nuevas en sus picos inquietos. Veo tus cálices florales en cada verso, como augurio de vuelo de cisne rompiendo el viento de las intimidades. Los versos instan a tu alma una respuesta feliz. Todo fenómeno sobre la tierra es un símbolo y todo símbolo, una puerta abierta por la que el alma puede entrar en la intimidad del mundo, donde tú y yo, el día y la noche, son todos uno. Ante el hombre aparece, en ocasiones, esa puerta abierta en el camino; ante él aletea la idea de que todas las cosas visibles son símbolos y de que detrás de cada símbolo moran el espíritu y la vida eterna. Pero, cuidado, para lograr la presencia de lo recóndito es necesario renunciar a las hermosas apariencias. Sólo por esa puerta un alma puede alcanzar a otra. En ti, Myriam, pervive el misterio de la niñez y estás en el secreto de consagrarte a lo que realmente importa: el mundo interior y sus arcanas conexiones con el mundo circundante. No olvidas la telaraña de los años soterrados. Recuperar una hebra dorada, única, aprehender con tus manos y ofrecer a tu amado un apagado trino de pájaro, un dejo placentero o triste al escuchar unas notas musicales, o algo acaso más sutil, fugaz e incorpóreo que una idea, más vano que el sueño de una noche, más incierto que la niebla de la mañana. Ocurre que, a veces, duele el tiempo pasado en que nos desvinculamos de nosotros mismos, que nos es ajeno, memoria de otro tiempo. Duele y nos angustia. Y ocurre también que llega como un hálito, como el viento de una mañana de primavera, o como un día nebuloso de otoño, que hueles un perfume, gustas un sabor o experimentas nuevas sensaciones en la piel, en los ojos, en el corazón. Es entonces cuando surge un nombre, un augurio… Un poema.

La revelación del secreto de las canciones está en el milagro musical de las palabras, en la poesía. Quizás por eso, Myriam nos revela su secreto. En sus poemas podemos encontrar ese milagro musical, la versatilidad del ritmo.

Estas adivinaciones en el laberinto vital de Myriam no son más que una búsqueda incesante de los sagrados valores que atesora en su interior, "la perseverancia que transmite tu mirada de cielo", la necesaria "criatura metamórfica", ser el ave fénix a partir de las "cenizas del tiempo". Myriam nos lo recuerda, la vida con sus desmanes, con sus tropiezos, nos enseña a ser humildes y buenos, a modelar la arcilla primigenia. En el consuelo, siempre nos quedará París. La verdadera dedicación es escribir poemas sobre un torso desnudo.

El duende quema como una danza de santones en el borde de la herida, destila el olor del misterio, "pinta cuadros a la luz del violín", como una pena "que aprende a nadar en la desventura", como "una red que atrapa la luna" hasta "alargar tu sombra en una noche púrpura" o hasta "alzar el vuelo hacia el abrazo tibio de papá".

Al final, siempre habrá una lápida esperando, dispuesta para burlarse de la muerte, "esperándola de pie", para aquellos elegidos en que "su muerte no triunfó de su vida con su muerte", como reza el epitafio que el bachiller Sansón Carrasco dejara escrito en la tumba de don Quijote.

Rara vez ocurre que el prologuista dedica en el prólogo un poema al autor o autora de un Poemario, en este caso a Myriam Bianchi y su intrincado y sabroso **Sortilegio del tiempo.** Con esa rareza acabo este breve prólogo, que, a modo de epílogo, "burlando a la muerte, esperándola de pie", aquí rubrico y estampo.

La palabra esconde una opaca sinfonía
       o un augurio que oprime fuertemente
           mi cintura.
       y acude a los labios en cada amanecida.
       En el piélago de las estrellas quema su misterio
       y su locura.

       Que el viento no seque la palabra en tus labios,
       que nunca el lamento pueda más que el silencio,
       que hable la nieve caída sobre la tumba del poeta…

       Los perros dormidos, dormida la vida, el ataúd errante…

       Desnudaron la palabra impronunciada.
       No esperaba respuesta. ¡Sí!, duele la nieve caída
       en la mentira de sus formas olvidadas.
       La palabra es hoy un conjunto de vacíos, un silencio
       atrapado en la cal de sus propias cenizas.
       Mas este mar de labios imposibles, esta oración,

retorna el alma como ola estremecida de silencios.
¿Dónde está la escalera que sube a la puerta del vino?,
la que va desde el crepúsculo hasta el escarabajo
que medita la noche oscura.
¿Dónde está el gesto humilde y sencillo de palabras?

Camino del cielo nos unimos al silencio
    -todo va del agua a las estrellas-
    Un cielo incontaminado donde combatir
    los rugidos que proyectan los colmillos del otoño
    en la macilenta piel de los membrillos.

    ¡Qué umbría callada nos acecha, qué hilos de sangre
    conduce la brisa de noviembre!
    La palabra es un combate que se gana día a día,
    es la cal de los cementerios que quema la mentira del tiempo,
    que nace en la ribera del junco y en los valles de niebla.
    ¡Que aún nos queda el terror, el hambre y la miseria
    para escarnio del hombre y la palabra!
    Yo os conmino a nombrar y escuchar la palabra
    en su trono de sangre y de saliva.
    ¿O es que vuelve el hombre a su bestia?
    ¿Porqué esquilman con sus mentiras
    la mansedumbre de la carne y el hueso torturados?
    Palabra, sí, pero, ¡palabra de amor!
    Y no queremos consuelo, ¡queremos compromiso!
    ¡Palabra, sí! Palabra que es pasto del alma
    en tierra de cementerio.
    Ya asomas renacida, ¿es que naces de los muertos?
    ¡Oh, hoja huída!
    ¡Oh, campo de nanas!
    ¡Oh, poesía!
    (A tu voz y tu palabra, Sortilegio del tiempo, a ti Myriam,
    un nombre, un augurio, luz atrapada en un Universo inescru
    table que tus manos dibujan
    en forma de adivinanza)

Francisco Vaquero Sánchez
-Director de las Tertulias Lorquianas-
Casa Museo Federico García Lorca-Granada - España

VOCES

Heredé de ti
los gozos,
la sensación de paz,
esa que frenó
la represa
de agua tumultuosa.
Entusiasma
tu luz,
las voces ahogadas
en la garganta
de las aves.
Si acaso la noche
tiñera de púrpura
el plácido contorno
de la ensenada,
aguardaremos juntos
los vientos
de clausura.

CINEMA

Elogias en los cuentos
las palabras vertiginosas
que pueblan las hojas vacías.
Se precipitan, cautas,
tirando con vehemencia
los dados de Dios.
Descolgando el telón
de la vieja sala de proyección
donde mi Padre
alucinaba
en su almohada fatigada.
Antesala de plata,
surcos en las manos
nieve en sus cabellos.

DEMANDAS

No impulses tu copa
al vacío
cuando multipliques
diminutas gemas,
con gesto apresurado
sobre la rústica
tabla de madera.
Miles de diamantes
y rubíes
saciarán
tu hambre de alimento.
Recuerda
la tibieza del sol,
su mansa cadencia
halaga tu piel.
-Mujer-
lanza tu delantal
de algodón
y de rutina
dedícale tu persona
al tiempo.
Disfruta
el breve instante,
la gota de rocío
coronando
el éxtasis libre
de la hierba.

FECUNDIDAD

Un pez
que nos devuelva
al mar de la matriz,
al eterno entusiasmo
de los puertos clausurados.
Búsqueda compulsiva
del hombre
colocando cencerros
en ganados ajenos.
Regreso angustioso
al útero intacto
donde aún
cuelgan estrellas
del lóbulo
de las naves
que regresan.

MODELARTE

Modelo tu noble arquitectura
te pienso útero adentro
invento tus sistemas,
tus conductos secretos.
Me sumerjo en la circulación
de tu cuerpo,
navego por ramales venosos
corazón adentro.
Dibujo con todas mis témperas
los colores de tu pelo
sin coherencia, ni razón
entre verdes y azulenos.
Te dibujo sin apuro,
con la mejor de las tizas
tus ojos, los que deseo,
sin esgrimir más razones
que mis profundos anhelos.
Y como arcilla plasmarte
darte vida,
acunarte.

FIERA SIN INSTINTO

¿Cómo llamarte criatura,
cómo llamarte?
Quien carece de piedad
sobre el fruto que acuna en su vientre,
fecundo cántaro de arcilla
modelando su noble arquitectura.
¿Cómo llamarte Fiera,
cómo llamarte?
Si el título de Mujer
por nobleza, no le pertenece
a quien alberga nueve meses
y por suprema cobardía
abandona sin abrigo
a la intemperie.
¿Cómo llamarte espectro?
si la honra de ser Madre
te queda grande.

LEONARDO

Debías llamar a tu confesor
a quien trasmitirías
el número de cirios
que iluminaría
tu cuerpo cansado.
Conociste de memoria
la anatomía del cuerpo
y la del alma.
Fuiste ingenioso ingeniero
generoso gastrónomo,
supremo maestro renacentista
de escritura invertida.
Tu mente prodigiosa
conspiró contra la confusa
sagacidad de los eruditos
a quienes burlaste durante siglos
con la ambigüedad de tu obra.
Fuiste la única sombra
de Michelángelo,
 el mejor aliado de Botticelli.
En el preciso instante
de tu partida Gran Maestre,
escogiste la calma compañía

de Santa Ana, San Juan Bautista
y la sonrisa más enigmática
    de la historia
        -tu elegida-.

BRAMASOLE

Al Maestro Carlos Páez Vilaró

Pides disculpas al Sol cada atardecer
por el privilegio de erguir Casapueblo
tu escultura personal, hogar de artistas
blanca y mediterránea.
Tú, soberano de todos los soles,
estandarte de Uruguay en el mundo.
Hombre de manos de cal
que supieron de lonjas y "Morenadas" lubolas,
de cromáticos murales, donde los pinceles
soñaban con el cálido arrullo de la ballena blanca,
veleros que surcan los cielos,
trenes de Francisco Piria que acercaban
los primeros bañistas a la costa.
Maestro de texturas y poemas
¿Cuántos diálogos sostuviste con la luna?
-Mujer Luna- quien transmitía mensajes de vida
provenientes de la montaña.
Tú nos legaste a los jóvenes
el valor de la fe, del amor a los hijos,
la perseverancia que transmite
tu mirada de cielo.

LABERINTO

La incierta corteza de la soledad
inquieta el letargo de las sombras.
La luna refleja imágenes espectrales,
    ejercicio sutil, sortilegio de la memoria.
En el trascurso de la noche,
    el insomnio era el pasadizo
de visitas imprevistas.
Desde la perspectiva del sueño,
    la estructura del laberinto,
difusa superficie transitada
            por criaturas taciturnas.
Convite, enigma de las gárgolas
dormitan en extremo sur de la cornisa.
    Lo sutil del letargo
innombrable de las máscaras.
Viejos habitantes recorriendo el sitio.
Imprevistas falanges ancestrales
    decretan el fin de los tiempos.
Visitan los pasillos Minotauros fétidos,
    incandescentes ojos rojos,
un legendario Teseo, escapando
de la condena perpetua de Plutón.
    Guiado por el delicado hilo,
capullo de seda, tejido por Ariadna
    en la penumbra del rocío.
        Oráculos herméticos ,
Faunos cetrinos de mirada imprudente,
habitan sigilosos los pasadizos del tiempo.
    Los acordes melodiosos
        despiertan el sigilo del arpa.

FRIDA

Relegaste Alondra
el sitial a tu hombre.
   La pintura se convertiría
en el arma que enfrentaría
las más feroces batallas.
   Tu anhelo de fecundar vida
daría castigo
      al vientre sufrido.
   La ambigüedad de tu alma
no lograba alojar
el umbral del dolor.
Quisiste ahogar tus penas
pero sabias ellas
     -como tú decías-
aprendieron a nadar
en desventuras.
Admirabas tus heridas
en los lienzos
mientras la luna de tus espejos
reflejaban instintos dormidos
al extremo húmedo
del pincel que te admiraba.
Tus cenizas tibias
aguardan a Diego, esparcidas
en tu casa azul de Coyoacán.

Santa Teresa

Llegaste más allá
de los votos convencionales
cuando aprendiste
a amar sin miedos.
Recorrías inmaculada
las calles de Calcuta
acariciando sin temor
los rostros emocionados
de los enfermos,
quienes supieron del privilegio
de ver antes que otros
tu aura celestial.
Pudiste vivir rodeada
de lujos, elegiste
trocar la burguesía
predicando en la India
del Mahatma Gandhi,
de la no violencia.
India del eterno amor,
de la majestuosidad
en los jardines
y del reflejo oscuro
del Taj Mahal,
del Ganges sagrado
de los difuntos
y lavanderas.
La India plagada
de mística poesía,
aromada de sahumerios
y mirra
de Rabindranath Tagore.
Esa que tú elegiste
la que acuñó
tu despojamiento
franciscano.

METAMORFOSIS.

A José Mujica.

Él volvió a mudar de piel.
La llaga duele
mientras cicatriza.
Su cuerpo
y el pozo
se han entrelazado
como hiedra
y pared.
La testa
cáscara de nuez
se ha endurecido
a la intemperie;
no le afectan
los excrementos.
Él sueña que
zambulle
su imagen cansada
en las frías aguas
rochenses.
No perder el tino,
la cordura;
esa es la consigna,
para no enloquecer.
Él volvió a mudar
de piel.
Esa eterna
metamorfosis.

ARROGANCIA

Él se viste en Armani.
Es un hombre poderoso,
el mundo gira
alrededor de su podio
desmedrado.
   Aunque a veces,
quizás en el resguardo
de la noche,
cuando ya nadie
le rinde pleitesía,
se siente derrotado.
      Se aísla
del ronroneo constante
de sus adoradores
y a solas
en la amplitud horizontal
se arrolla, el elfo
como en el vientre
de su madre.

CELDARIOS

La celda no siempre tiene paredes blancas,
   ni un pozo oscuro
que atrape su sombra.
 El cuerpo duerme aprisionado
 en una habitación sin aire,
     privada de calendarios;
solo una mano rebelde traspasa
       su sombra
acaricia el aire, y se desdobla,
flota libre por sobre la escoria.
Brotan palabras encadenadas,
pensamientos libres
brotes verdes que conjugan savia viva,
   libertad de pensamiento;
 huertos donde florecen
en silencio,
los azahares perfumados
    del durazno.
Sus barrotes no suelen ser de hierro,
la jaula puede ser de plata;
el cuerpo resulta ser el prisionero,
 no impide que el espíritu
sea el que traspase el umbral
de la sombra...

MINERVA

Tu presencia
　　mujer mística
feliz residencia
　　de sombras virtuosas.
Desterraste el umbral
　　del cáliz sediento
　　　cuando olvidaste
　en aquel rincón
　　deliberado,
　　los hexágonos dibujados,
　　donde atesorabas
　　-Mujer abeja-
la miel de tus panales.

NINFA OSCURA

Mientras abandonabas
tu pose de niña
trocabas por dignos
tus pensamientos
     malos
 atesorados
en aquel libro viejo
arrumbado,
en el quinto estante
polvoriento.
Perdiste el diseño
octogonal
de la tela.
Vértice ambiguo
  del estante,
     tu morada.

Paz en la palabra

Buscabas el pórtico ritual,
la Cúpula de los Mocárabes
    la mirada peregrina,
amante del fuego, paz en la palabra.
Deshacerte del caos es la consigna
    y tus pies te guiaban por instinto.
Perdías coherente el rumbo,
    mientras la brisa marina
    impregnaba de vida
tus pulmones secos.
    Caminaste a través de los médanos,
    sentada en la orilla
condenaste al mar por despertar
tus medias fatigadas.
    Regresaste a su atelier
 el atril de cedro persistía inmóvil
    el paso de las décadas,
y te sentaste una vez más
    frente a la estufa,
observando cómo el fuego
se apodera lentamente
del espesor de los leños.

CONCORDIA

A aquellos que nos cedieron sus sueños.

Nuestros cuerpos,
nuestros destinos
para bien o mal
están entrelazados
por sentimientos.
A veces afines
otros contradictorios
como la vida misma.
      Caemos en la vida
sin invitación,
sin poder elegir las reglas.
Ella nos enseña
en la forma más dura
a ser más humildes,
menos omnipotentes,
dejándonos
desnudos de afecto
a la intemperie.

DÉJÀ VU

Hoy cruzaría esa puerta,
me atrevería a volar,
dejaría de lado las obligaciones.
Caminaría de nuevo descalza
por las calles de París,
sin importarme las convenciones
chapoteando en los baches,
los círculos concéntricos
del Art Nouveau.
Recorrería sin prisa
sus cientos de Museos,
Catedrales antiquísimas,
el bohemio Montmartre
de la Belle Époque.
Sus puentes entrelazan
silenciosos el Sena,
mientras surca el bateau bus.
Hoy cruzaría esa puerta
y por primera vez
pensaría en mis deseos,
en mis olvidados anhelos.
Daría rienda suelta
a la pasión dormida,
Volvería a llorar
frente a la Torre Eiffel,
como entonces.

TERRITORIO GEOGRÁFICO

Al bello Puerto Rico

En la ciudad donde cantan
las piedras,
sentí tu aliento fresco
y lo ignoré.
 Ruedan, sin prejuicio
sobre adoquinadas calles
las páginas del viento.
Vuelan sobre la porfiada
persistencia de la piedra.
Te alejaste lentamente,
tu débil intento
 dejó vacíos.
Yo fui brasa ardiente,
muté al instante
en cenizas.
Solo guardé de aquel momento
grabados a fuego
tus ojos, de almendra dulce.
Lo demás rueda
sin rumbo cierto
por las calles del
viejo San Juan.
Escapando cobardemente
de la suave brisa
que filtran pasivas
las palmeras del trópico.

Paisaje Surrealista

Oasis sin árboles
ni arena,
siembra de tulipanes
y consonantes mudas.
Pierdes tiempo
en páginas arrolladas,
búsqueda infructuosa
de sustantivos traviesos.
Mientras observas
cómo escurre el tiempo
en el reloj de arena.
Escribes poemas
sobre mi espalda desnuda,
mientras devoro
tus dátiles frescos.
Enigma ancestral
de tu mirada.
Proponernos
guardar la cordura,
una utopía.

SUSPICACIA

Nuestro amor se desmigaja
lentamente
como bizcochuelo
recién horneado.
    Pierde hojas
día tras día,
ocre amarillentas,
fresias robadas del arbusto.
    Filtra savia roja,
se inclina, padece.
Se esfuman sus frutos,
azahares perfumados
de durazno.
Recojo lentamente
nuestros vestigios
donde guardo
hermético tu sabor,
en la memoria
de mis manos
que supieron ser tus huellas.
Absorbo lentamente
el vértigo de tu aroma,
confite prismático
del eucaliptus.

TARDE GRIS

Esa hoja inerte,
ocre solitario
prendida en su último aliento,
puente de vida,
abrazada con rigor
al extremo libre
de la rama de otoño.
Baila al sutil ritmo
de la brisa
mientras el apéndice solitario
aguarda plácidamente
el repentino
destello de la tormenta.
Un gorrión desvalido
juguetea sumiso
con los pompones
de los plátanos.

LA NOBLEZA DEL BAMBÚ

A Japón, a mi amigo Yutaka Hosono.

Vitalidad rítmica del verano,
su joven tallo cilíndrico
forma espirales concéntricos,
coronado de brotes tiernos.
Simbología ancestral
el Yin y el Yang.
Materia prima en la antigüedad
formando acueductos,
transportando agua fresca
a las plantaciones de arroz.
Fuerza de la cultura oriental
construyendo en bambú
andamios
que elevan los cielos
de la arquitectura actual.
Su savia, verde esperanza
refleja la honestidad
de quien sufre erguido
azotado por los vientos.

INSOMNIO II

Hoy recuerdo una niña
cruzaba puentes de madera,
viaductos,
soñaba con Doncellas
ataviadas en tules multicolores.
Una pequeña que escribía a escondidas,
alumbrada por el débil pabilo
de una vela blanca,
en vigilia de su hermana
que reposaba serena.
La niña percibía
el fugaz susurro del duende
que musitaba a su oído
palabras encadenadas.
Alborotos de cuentos,
poemas breves, atajos al vacío
minas de piedras de colores
que van sumando tiempos.
"Su rostro florecido
pintaba cuadros a la luz del violín.
Las penas y las cosas
serían como brisa
que pasa entre las olas,
Doncella del Jardín".

INMIGRANTES

Voces postergadas
de quienes supieron
abordar naves con destino
a mares inciertos.
   Abuelos inmigrantes,
héroes portando maletas,
austeras de ropajes,
venían repletas
de confianza e ilusiones.
Dejaron atrás la tierra y el cultivo
familia y amigos,
huertas de tomates
albahaca y hierbabuena,
campos de olivos verdes.
   Frascos de conservas
pepinos agridulces y chucrut.
Montañas de picos nevados,
valles de girasoles
campos de tulipanes y nardos.
Traían la música en sus oídos,
a Puccini, Mozart y Wagner,
un Beethoven ensordecido por las bombas.
Y aquí, al otro lado del mundo
la luz de las farolas
del puerto los recibía,
cultivadores, artesanos, lavanderas.
   El muelle cargado de lenguajes nuevos,
las espaldas y los vientres ávidos
de pan y de trabajo
se abrazaron comprometidos
a dar todo por cumplir
su sueño de esperanza.

HUELLAS DE VIDA

Mi cuerpo ha esculpido
cicatrices
con dúctil cincel de acero.
Alguna imperceptible
esconde la ceja izquierda.
Mi antebrazo guarda
el ingenuo recuerdo
de un punzante futbolito.
Quizás la más bendita
se esconde
en la cima del pubis,
huella que dio luz
a mi hijo.
Mi seno también
fue tallado, sin desearlo
por escalpelo afilado.
Mi humilde piel
granula ágilmente,
responde a las agresiones,
Por fortuna la epidermis
aprendió a mantener
a buen resguardo
las más profundas.

TISANA VERDE

"Tú, desnuda,
el silencio se avergüenza
por no encontrar
la palabra"
-Orosmán Mayol-

Me inclino ante ti
    vertiendo lentamente
la tisana tibia
en la taza de porcelana
inglesa de la abuela.
Testigo mudo
costumbres olvidadas,
sociedades con lujo
en tiempos de tertulias.
El zumo de limón
rueda perezoso la tajada,
su cáscara veteada,
la cítrica gota
consuma la poción
del elixir.
Un pezón escapa
entre el satén
y la puntilla…
Tu media sonrisa
acaricia el extremo libre
de mi cuerpo.

MAR Y PUERTO

El pescador espera
la paciencia,
mientras ella
escapa cauta
de la efervescente
espuma que quiebra
su dolor de roca negra
y arena roja.
El lobo marino espera
la majuga sobrante
de la pesca,
juega sobre
las adolescentes olas.
El mar peltre
a lo lejos extraña
el cálido arrullo
de la ballena franca.

PENÉLOPES

Tejer una red, como lo hacían las abuelas
agujas de madera con aroma a sándalo,
una red que se eleve más allá
de atmósfera terrestre.
Una red que logre en su impulso
atrapar la luna, detener el tiempo
congelar la noche, alargar tu sombra.
Ríete de la vida, amiga,
que es solo un soplo
en las alas de una mariposa.

NOCHES PÚRPURAS

Hoy cruzaría esa puerta azul,
a partir de este instante
    me permito
que la vida me sorprenda.
    Prendida
al extremo de una cuerda
    llevo aún,
después de tantos años,
tu sonrisa recién amanecida…

INGENUIDAD

Solo fuiste una de tantas
      para él, una de cientos;
una piel que habitó
sin prejuicio.
Pobre tonta, ingenua
    acariciando lunas,
mientras en lo profundo del mar
copulan libres
      los hipocampos.

TRAPECISTAS

Caminamos
en la cuerda floja
limitados
en nuestras acciones,
sujetos
a falsos
convencionalismos.
Privados
en la libertad
de ser dueños
de nuestros propios
sueños…

VUELO

A mi Hermana Silvia.

Volaste hacia la luz,
a un lugar
donde no hay tristezas.
Volveremos
a tener diez años,
    nuevamente,
 los cabellos rubios naturales
al viento.
A la familia grande,
a los domingos
donde las ilusiones
se entrelazaban
con las fuentes
de tallarines.
Donde la paz
y la alegría
    vuelvan a abrazarte.
Volaste alto, hermana,
hacia el abrazo tibio
de papá.

ÁNIMAS

Merodean los cabos
   se estrellan
     fuertes
   olas peltres
      sonoras
        lúdicas.
   Sentada
en la proa del vértigo
  -la Mujer-
amordaza las voces
de una habitación
intacta de recuerdos.
Recorre compulsivamente
la ensenada
donde aún descansan
los fantasmas.
   Envueltos
en gracia divina
perciben los párpados
turbados
amplios espacios
ambiguos.
   Quizás ahí
confusamente dormiten
las ánimas.

SOMBRA

La Muerte ronda la morada
desde muy temprano.
Surcan los enigmas ancestrales,
las velas místicas
de los catamaranes del lago,
albatros peregrinos
revolotean el viento Sur.
Faunos que recorren
imprudentes el laberinto,
la inmensidad del misterio
encerrado en la circunferencia
aromática de los pinos.
El bosque es mi morada,
me susurró al oído.
La débil sombra del cuerpo felino
atraviesa el enigma de la lápidas.
No creas que me engaña
        tu rebelde terquedad.
Miré a la Muerte a los ojos,
una vez más, te espero de pie;
        no solicito amenazas.

RESCATE

Absorber los aromas que destila la pérgola,
    el color que brota imprudente,
                la Santa Rita,
    mientras filtra su profundo guindo
    a través del hueco doliente
                en el borde del pretil.
    Por momentos me olvido
                del presente.
    Rescaté vida abandonada
    en un recipiente de residuos.

MALES CELESTIALES

A mis hijos Paola y Christian,
impulso y razón de mi vida.

Arte de amar y experiencia del misterio

por Rafael Courtoisie

Entre las tareas difíciles que se propone la poesía, está la de expresar el misterio. La poesía es misterio vivo, asunto velado y revelado, secreto alto, enigma puesto en la voz. "Males Celestiales" conjuga y entrega, con gesto íntimo y vitalidad concreta, ese acto milenario, humano y persistente del misterio, a la vez que brinda la experiencia de un gozoso arte de amar.

La Poesía enuncia el secreto. Lo enuncia y lo anuncia, lo proclama a viva voz pero al mismo tiempo lo preserva y transmite en susurros, a los iniciados, se dispone a otorgarlo sin que mengüe un ápice la intensidad de su vigencia, su poderoso núcleo de extrañeza.

De ahí el vértigo, de ahí la inmensa utilidad que en este tiempo impiadoso y malamente enervado conserva la poesía: se trata de palabras que celebran el misterio, se trata de sentidos puestos a descifrar y a cambiar la realidad a partir de la potencia del lenguaje.

Los cinco sentidos en haz: tacto, olfato, sabor, vista, oído, más el sexto que es propio de lo que se elude precisamente por trascendente, indecible y preciso.

Sinestesia, dialéctica perenne del amor y de la muerte, maridaje de lo terrenal y lo celestial condensado en un título cuya sugerencia va más allá de una intuición del espacio físico y atiende a una posibilidad diferente: los males celestiales no provienen de un empíreo intocado, intocable, no surgen de un Dios barbado lejano, ni de una remota aunque probable música de las esferas.

Los males celestiales tienen origen en la experiencia, en el trajinar del existir, en el andar y sentir sobre la Tierra. Esta es una poesía de percepción transmitida y sensibilidad abierta.

Leves y hondos, sencillos y en ocasiones contradictorios, como el hacer humano, estos males celestiales se comunican a partir de poemas breves, tallados en el aire, altos, ligeros.

Las palabras exhiben una permanente voluntad de ser y no pesar.

Aquí nada se hunde ni se planta en tierra, todo parece querer participar de un principio de vuelo, de elevación que no separa alma de cuerpo, que no participa de la bipolaridad falaciosa, posterior a San Pablo, de "body and soul". Por el contrario, emerge un todo sensual, erótico y sutil.

Las palabras se alzan.

PÉNDULO

La sinuosa resistencia
de dos cuerpos
que oscilan
casi sin detenerse
me impulsa
al espacio
donde tu recuerdo
afiebrado
humedece
el pudor.

PLUMAS

A Renée Cabrera

Que el viento te envuelva
en sus brumas,
pájaro nocturno,
y te regrese
a salvo a tu nido,
suculento manjar
benedictino.

CRIATURAS

Ángeles azules
corren, musitan
al oído de las hadas,
se envuelven en hojas
de parra gigantescas.
Asumen su culpa,
juegan a la ronda
con demonios encendidos.
Sostienen el vértigo,
la utopía de amar.

INTOCABLE

Montaña
roca sólida, inescalable,
pides a gritos ternura
desde el fondo de la coraza,
no permites transpirar
al poro de la piedra,
te escondes armadillo
y es esfuerzo insulso
no poder tocarte.

COEUR

Escondido
en el costado izquierdo
de la caverna,
no sucumbe
al fecundo mecanismo
de relojería,
a la fragua
encendida,
desconoce
la perpetua sinceridad
del corazón
que espera
en un banco verde
     del andén.

INSOMNIO

Hoy desperté
cinco y media
de la mañana,
y busqué
-como cuando era niña-
la inocente complicidad
de una manzana;
generosa compañía,
almohada fatigada
donde aguardo el instante
en que tu mano liberada
descubra mi piel.

Celos

Los celos
 son la tela
del vestido
cuando los azahares
 se transforman
 en cenizas,
 y el tocado
 se arma
 de ilusiones
 postergadas.

DESPOJO

Despojarme del recuerdo
  de la suave huella
    que tus ojos
dejaron en mi espalda.
De lo agridulce
en los labios
olvidados en la taza.
El tacto mudo
en la yema de los dedos.

-Que el placer de recordarte
supla el dolor de no verte-.

PREGUNTAS

Pregunto
 a tu piel,
si existe el permiso
   que reclaman,
durante los eclipses,
 los extraviados.
      Tú
eres el mismo
el que desnudo
se mete en el mar
   y la noche,
que es el mar más alto,
     alarga mi mirada
        hasta la tuya.
Como si en la vida
nada fuera más necesario,
      ni secreto,
como el pasado mismo
escondido en los pliegues
        de la arena.

SIRENA

Presa estás
en tu jaula sin barrotes
esclavo soy de una señal
que no llega,
sometido, en tu mar de sutilezas.
Presas tus piernas,
coral en malla de plata,
algas por cabellera
    aférrate a la roca,
emerge de tu profundo sueño.

Cautívame.
Sirena.

Sobre piedras y puertas

Antes de ayer
cerré una puerta
de roble oscuro,
reliquia de monasterio
absurdo desecho
de hipocrecía.
Intento descubrir otra,
explorando su nueva superficie,
hablando con la caras
de las nuevas piedras,
las que escurren el dolor
entre los dedos
de una estatua frívola.

Ciclos

La vida
es un juego
circular
que recorre
el amplio espectro
de la locura
con la pasividad
del ermitaño.

Raíces

Cuando anochece
los brotes del naranjo
dialogan
en lenguas muertas
con las partículas
germinadas.
En arameo cuentan
el secreto que guarda
oculta,
la infertilidad
que recubre la tierra
de la mística raíz
de la mandrágora.

PALABRAS DE FRESA

Piel de luna
te adueñaste al nacer
de mis desvelos.
Germinaste despacio
mi vientre de niña,
fecundo cántaro
  de arcilla
  te modeló
hermosa gota
  fresca
de miel y limón.
Tus manos alegres
 de fresias silvestres
acarician mis sueños.
Acunan tu llanto
  palabras
    de fresa.

CONSEJOS

Cada uno de nosotros
somos ejemplares únicos,
como los buenos libros;
únicos e irrepetibles.
Vamos por la vida
buscando caminos,
reflexionando
desmadejando ovillos
de lanas y de sueños.
Yo te admiro por tu valor,
por la entereza de elegir
y te comprendo.
Nada es fácil
cuando somos diferentes,
lo esencial es
intentar ser feliz
a toda costa, estar en paz
con uno mismo.
Los demás no importan,
ellos siempre nos juzgarán
pues no tienen el valor
de juzgarse a sí mismos.

CENIZAS DEL TIEMPO

Se encontró una tarde
deshojando un castaño.
Apenas lo perturba
la intuición
de su tronco frustrado.
No temía entonces
al límite vertical de la locura.
Trazos de espacio
y de tiempo.

Aroma el círculo
fértil de la lima.

MEMORIA DE LA LLUVIA

Desde el precario
      equilibrio
en la memoria de la lluvia
      ella esperaba.
Desespedazando la entraña,
      vestida de blanco,
festones y puntillas.
Emily Dickinson
      tras la ventana
justificando la aurora,
            imperdonable.

HOJARASCA

Miles de hojas
   arremolinan,
escapan disueltas
   en gracias divina.
Retraídos contornos
      asimétricos,
inconfesables palabras.
   Amplios espacios
vacíos a medias,
   memoria
de los pájaros.

LOS CIEGOS DE LIJIANG

Los ciegos tienen ojos en sus manos
dibujan surcos en la piel.
Amasan cada porción
de músculo vivo.
Sus dedos lazarillos
embisten contra los nódulos
invasores.
Los ciegos de Lijiang
labran las llanuras
de la espalda,
la transforman
en territorio fértil.
Someten a los muslos
al roce profundo
de sus ojos exploradores.
Vibran con el éxtasis
de la fibra muscular
en plena elongación.
Combaten con su instinto
los largos cuellos
contracturados
de las balerinas.

CANELA, AZÚCAR Y LIMÓN

Acuérdate muchacha
cabellos de hematites,
las veces que camines
                    entre nubes,
que duermes sobre cañas
                        y bananas.
Tu piel ambarina
cobreada por los rayos,
    no perderá coherencia
por los cantos de la alondra.

No sueñes con tragedias
                shakesperianas.

Sumérgete desnuda
    corteza de limón
imprégnate en azúcar
                tú, piel canela.

PERFUMES COTIDIANOS

Persianas fracturadas
adiestraron mis sentidos,
me enseñaron a percibir
lo concedido en el aroma
        tostado del café,
almohada de crema
                nube,
donde descansa plácida
la calidez de la canela.
De la reminiscencia itálica
en la textura suave
de la albahaca,
a la pasividad dorada
dormida en lo profundo
            del curry.
El verde seducido
        en la corteza
            del cedrón.

Poesía Marina

A mi Padre.

Observé tu rostro
    lunar de palidez.
Mientras dormías
me llegaron tus sienes
pobladas de ceniza.
¿Adónde emigraron
tus cabellos oscuros?
Las gaviotas robaron
 tu alegría.
Acerqué mi boca
susurrante
 a tu oído sordo,
  mientras aguardo
    germinar a tiempo
       tu sonrisa marina.

PINCELES MOJADOS

¿Qué siente tu mano felina
cuando descubres
las formas escondidas
en los botes?
Buscas mediante trazos
seguros
historias dormidas,
explorando
con paciencia infinita
las generosas capas
de acrílicos
envueltos en olas
    azulenas,
mientras bañan la orilla
      salada de tus marinas.

Reloj de arena

La fotografía en sepia
guarda tu imagen,
detenida en calendario,
nítida, atemporal.
Rulos perfumados
de aserrín.
Péndulos detenidos
en movimiento,
arena inmovilizada
en el cuello
del reloj.

Té de los siete Tesoros

Secreta
infusión oriental,
ambarina conjunción
de sabores.
Hojas de Ceilán
abrazan el sabor
picante del clavo,
recibe en lo profundo
del tazón a doble asa
decorado
con letras de Pekín,
el dulzor de las uvas pasas.
Antes que la pequeña tapa
logre el conjuro
un li-chi
flotando a la deriva.

MIRADA GOLONDRINA

A Federico García Lorca

Inexplicable
embrujo gitano,
la blancura de tu piel
tu lenta y pausada
distancia,
tu pasión taurina,
luz tamizada,
cruzando el sutil vitral
de tu pluma.
Tu amistad
de entrañable mosaico,
tus silencios.
Los cabellos enrulados
del retrato,
la euforia
convertida en disciplina.
Inexplicable,
tu mirada golondrina.

DOBLE DE MÍ

Diría que una eternidad nos une,
     hemos compartido juntas
iluminados crepúsculos,
          noches interminables.
Por momentos te olvido,
     como si no existieras
pero al apagar las luces,
     tu presencia abstracta
me confunde, me abruma.
Formas parte del simulacro
     de todas las noches.
     Doble de mí
       ceniza del olvido.
¿Hasta cuándo intentas
          perseguirme,
     terrible presencia
de los espacios vacíos?

PENÉLOPE

Mordiste desolada
  las violetas
    deshidratadas
que atesoraba
  fielmente
la solapa de tu libro
  preferido,
mientras perdías
    sin darte cuenta
  la amplitud paralela.
Eterna tu espera
    y su búsqueda,
como la soledad
  de los puentes
aguardando la visita
  de un triciclo
    que no llegará.

OBSERVATORIO

A muchos de nosotros
se nos otorgó
el maldito placer
de observar el amor
   de a ratos
        y de lejos,
como esfera
        caprichosa
en una pompa
        de jabón.

BÚSQUEDAS

Te busco
   cada domingo
     a un costado
de mi paraguas
   cuando llueve,
en el ojal desabrochado
  de tu blusa preferida
   en el fondo
     de mi ducha.
en el pliegue ajado
de las sábanas.
Te encuentro
    indiferente,
en el vértice obtuso
   del espejo.

INVASIÓN

Penetraste sin temor
  el fondo mismo
  de la caverna
          que habilitaba,
tendiendo tu mano
me acercaste
      sin cuestionar
              a la luz
  que gobierna
el legítimo destello
  de tu mirada.

GÁRGOLA ALADA

Me desvelas por las noches
seduciendo la mente,
consigues llevarme en tu vuelo
al azul más profundo,
al rojo más violento
al verde más sereno.
Depositas en tierra firme,
    las dudas
los despojos de mi cuerpo.
Emprendes la partida
con tu eterna sonrisa
desde el risco más alto,
      gárgola alada.

FILIBUSTERO

Aquello que solía
    guardar
la comisura rasgada
    del mar,
en el sutil privilegio
    de lo imborrable
sólo lo supera
    tu recuerdo.

BÚSQUEDAS II

Perdí mi sombra
en los reducidos espacios
de un placard,
enredada en las mangas ajadas
de tus camisas blancas,
en el descuido de la ropa mojada
olvidada en las cuerdas.
Perdí coherencia
envuelta en papeles azules,
sorprendiendo
su ingenuidad
arcones olvidados,
preservando la lividez
de la culpa,
en altillos polvorientos.

MOMENTOS

Los amantes
no tienen derecho
a explicaciones,
ni a preguntas,
    solo
a disfrutar
   el instante,
tan solo
     eso.

JALEA

Cierro los ojos
y en la penumbra
veo y dibujo
vulnerable tu imagen
luz
sortilegio,
tu oscuridad.
Como ciruela madura
dulcemente ácida.

LIMBO

Regresé a aquel lugar
a nuestro lugar
donde residen espacios
disueltos en bruma
Íntimo, atemporal.
Sorpréndeme
despabila este agónico
letargo.

LÁGRIMA

Esa lágrima que escapa
    apresurada
no pide permiso,
      no disfruta,
solo tiene prisa
   por mojar
tus espacios.

RELICARIO

Le pedí
a la mente
que olvide,
pero el corazón
es sordo,
no desea
obedecer.

VISITAS

Cuando de la distancia
     emerges
a ocupar tu lugar,
          ese
que siempre te ha pertenecido,
     quiebras, desgarras
          y huyes.
Logras que te odie,
   sin saber dejar
de amarte.

BREVEDADES I

Acariciar
el esplendor,
el caos
de tu mirada alada.
Elixir,
sedimento,
maldita combustión,
tu presencia.
Ignorarla.

BREVEDADES II

Usurpaste terreno,
te apropiaste lentamente
de mis células,
desgarraste así
coraza y piedra.
Resurgí del polvo.

Respiro.

BREVEDADES III

Nuestra miseria
radica en sepultar
en cada rincón
   deliberado
  los besos
      robados
  en la tregua
de los callejones.

GÉISER

Debajo de la piel.
Ahí, escondido
sumergido el duende,
dormido, azul.
Amándote a hurtadillas
fluye desde el núcleo
la efervescente lava,
impregna mis laberintos
desde tu extremo
convexo,
al oscuro vientre
de la noche.

TIGRE

Encontré el horizonte
frontera, límite del abismo
vigilando tu poder,
agazapada.
Presentí tu fuego,
entre sueños y silencios
Temblé al devorar
las cenizas extinguidas.

Arderé en el infierno.

ESCARCHA

Tus cantares, amor
abrigo de horas perdidas,
consuelo de tu ausencia
espacio ancho de mi cama.
Añoro las horas perdidas
manojito de escarcha.
Pasado amor, penitente
miro de reojo, hacia atrás
   tras la bruma
    estás tú
  y mis cardos
    males celestiales.